JN410508

수두룩하다,
머리 둘 곳 없는
사람들이

마루시 제2시집

수두룩하다,
머리 둘 곳 없는
사람들이

마루시 제2시집

문학의전당

| 차례 |

강진순

김경조

김선자

김연종

김정원

박백남

이광복

이우림

이춘희

정연탁

서문

자청한 가난의 길이라고 할까,
한 시인 지망생이 습작시를 보여주며 묻는다.

"시작할 때 가장 중요하게 생각하는 것이 무엇입니까?"

우리는 서슴없이, 그러나 오랫동안 안에서
말갛게 우러난 참마음과 한목소리로 대답한다.

"진실"

2011년 가을

마루시 동인 일동

강진순

전남 나주 출생.

『공무원문학』과 『문학춘추』 신인작품상을 수상하여 등단.

저서 『나의 진실은』 『영혼의 심지를 돋우어』

lovepoem67@hanmail.net

복분자를 마시다

저녁 먹고 출출하여
술이나 한 잔 하자며 사온 복분자
뚜껑을 따자마자 오랫동안 참았다는 듯
벌건 오줌을 시원스럽게 싸지른다
얼마나 오줌 줄기에 힘이 들어갔으면
유리병마저 구멍을 낸 것일까
생각할 겨를도 없이
깜짝 놀라 술잔을 가져다 받으니
복분자가 비로소 술이 되어
술잔 가득 넘실댄다
복분자 술병이 비어갈수록
몸속 핏줄기들은 당겨진 활시위처럼 팽팽하다
금방이라도 날아가 꽂힐 것 같은
화살 같은 마음을 아는지 모르는지

오늘은 세상이 다 멋있어 보인다

영락공원에 오빠를 남겨두고

죽은 자들만이 살 수 있는
영락공원에 오빠를 남겨두고
산 사람들의 세상으로 다시 돌아오는 길
우리 가족은 고기반찬에
점심을 맛있게도 먹었습니다
당신 없이 이 험한 세상 어찌 살까
꺼이꺼이 통곡하며 눈물 훔치던 올케언니도
밥 한 공기를 뚝딱 비우더이다
산 사람은 또 살아야 하기에
그만 눈물 거두고
힘내서 살아야 한다고 말은 했지만
그렇게 쉽게 밥이 목으로 넘어갈 줄은 몰랐습니다
세상살이 모든 것 모순덩어리라고 하지만
그렇게 빨리 오빠를 묻어버릴 줄은 몰랐습니다
산 자들이 오빠를 그곳에 묻었듯
오빠 또한 산 자들은 이 세상에 묻어두고
뒤도 돌아보지 말고
가고 싶은 곳 해보고 싶은 일 찾아
가벼운 걸음으로 사뿐사뿐 떠나십시오
살아생전 못 먹었던 맛난 음식도 많이 드시고

오래도록 병석에 누워 못 입었던 멋진 옷도 많이 입으시고
세상살이 근심도, 아내와 자식, 부모 형제들도
모두 모두 떨쳐버리고
가벼운 마음으로 훨훨 떠나가십시오
영락공원에서 영원한 즐거움을 찾으십시오

변덕

아주 오랜만에 큰 맘 먹고
세차장에 맡겨 차를 닦았다.

차를 맡겨두고 미용실에 다녀와
거금을 지불하고 살펴보니
누런 가루들이 그새 차체를 뒤덮고 있다

황사도 없는 맑은 날이라
세차한 것 맞나 눈을 의심하며
투덜거리며 시동을 걸다
무심히 올려다 본 금당산

온통
누런 꽃을 달고 선
소나무, 소나무들

순간,
송홧가루 흩날리며 솔향기가 가득
내 코를 자극하니
콧노래가 절로 나온다

뻐꾸기

친엄마에게 버림받아
새엄마의 정성으로
세상 빛 보게 된 사연
아는지 모르는지
한 둥지에서 함께 자란
형제 같은 알들 모조리 밀쳐내어
어미 사랑 독차지하였으나
받아도 받아도 모자라는 사랑
자식에게 대물림
제 어미처럼
개개비 둥지에 덜렁
제 알 하나 남겨두고
훨훨 자유롭게 날다
그래도
낳은 정 잊지 못해
해마다
이 산에서 뻐꾹
저 산에서 뻐국
온 산이 눈물 소리네

삼천포로 빠지다

가야산 해인사에
세계문화유산 장경판전과
세계기록유산 팔만대장경 보러 갔다
팔만대장경의 진리 서른 개의 싯귀로 함축하고
미로 같은 도안 창안하여
그 안에 배치하였다는 의상대사의 해인도
합장하고 한 바퀴 돌며
참회하면 업장이 소멸되고
소원 빌면 모두가 성취되며
사후까지도 큰 공덕 있다 하니
가야산도 잊고 해인사도 잊고
장경판전도 잊고 팔만대장경도 잊고
너도나도 앞 다투어 해인도 따라 돌기

죽어서도 다시 부부가 되어

큰어머니를 산에 묻고 돌아왔다
큰아버지를 묻은 지 꼭 백일 만이다

큰아버지 떠나보내고
백일도 못 참고 따라나선 것을 보니
살아생전
죽어서도 다시 부부가 되어 살고 싶다던
큰어머니 말씀
자식들 듣기 좋으라고
그냥 해본 말이 아니라는 것을 알겠다

큰아버지 보내고 홀로 지낸 날들이
얼마나 추웠는지
염하는 순간까지
온몸이 시퍼렇게 얼어 있더니
오늘 문중 산에 나란히 자리 잡은
쌍무덤
금슬 좋은 부부의 모습 그대로다

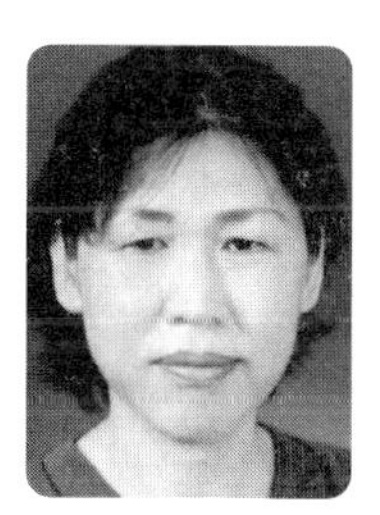

김경조

경북 문경 출생.
2005년 『현대인』으로 등단.
시집 『물 묻은 바람을 찾다』 『기다리는 일』
kskim5809@hanmail.net

사랑이 속한 곳

당신 눈은 참 정직하오
마음이 너그러운 것도
섬세한 연민이라
건네지는 말마디마다
아름다움이라니
그건
늦가을 찬 들판에서
언뜻 봄 냄새를 맡는 것
지나친 너그러움을 알아차리고
서둘러 스스로를 줄여
어느 계절과도 겨루지 않는
소용돌이로 태어나
나를 적시고
세상을 적시는 샘이 된 당신에게
나무들 신음하고
바람 외쳐도
하늘의 무림에는 낳지 못할 것이오
세상의 끝과 너무 가까운
그 사랑은
당신 몸에 속한 따스함이라

돌아온 거리

어릴 적 창은 깨지고
거미줄 내려앉았지만
모르는 사람이 묻는 길
알려줄 수 있는 고향

다리에 기대어
한참 강물을 내려다봐도
알아보는 이 없이
낡은 예배당에 들려
어린 나를 만난다

키 작은 아이가 촛불을 밝히고
기도드리던 재단은
아직도 날 기다리고 있었지만
촛불은 꺼지고
잠깐 연기가 나고
찬비가 감싸는 어깨가 시리다

그리워하던 냄새들
양념들 고루 섞어

돌아온 거리에 그림을 그린다
오래 묵어 냄새도 먼
송판색 벽화를 그린다

만춘

바람기 없는 이른 아침
아카시아 꽃숲에 들면
밤새 고인 향기로
부끄러운 봄물 넘치는
그 순간이
그분은 좋다고 했지요

작은 꿀벌들의
붕붕거리는
바쁜 날개소리와
코끝을 스치는 향내에서
오가는 시간들
그릴 수 있어 좋지만

짧은 봄밤
아카시아꽃처럼
당신의 향을 모을 수 없다며
희붐해지는 여명을
그분은 원망했지요

목조각장

숨은 신을 찾아내는
그대의 작업장은
줄곧 예배의 강당
버들꽃 핀 날 만나는 신은
그대 자신
한 번의 자귀질에
눈누덩이 불거지고
코뼈가 서면
신은 살아나
아낌없는 구원으로
스스로 닳아 몸을 줄이고
그리움의 노래로
그대에게 돌아가누나

노래 부르는 숲

시간 따라 부푸는 가슴 흔들어
노래 부릅니다
가끔씩 떨어지는 마른 솔잎이나
오종종한 산초열매에서
아득한 시간 내려와
우리를 눈감게 합니다
크고 작은 소리통 흔들리고
알 수 없는 몸떨림으로
피어오르는 향내에
낮은 노래를 섞습니다
이건 나의 노래가 아니라
신이 스스로를 타는 곡조입니다
우리 여럿의 어제와 오늘
그리고 다가오는 날들이
모자이크 된 아름다운 수틀입니다
정령들 모아 손 마주하고
푸른 단 아래 엎드리면
긴 경배의 언어들이 넘칩니다
정성 가득한 너른 품이
마음 가난한 나에게도 나누어집니다

찔레꽃 가수

찔레꽃이 늙어
꽃잎 끝이 떨리오
가뭄에 논배미 물 줄 듯
꽃잎 끝이 말라
나는 울었오

노랫말도 슬프지만
말라가는 목소리에
가슴으로 울었오
윤기 나는 소리 낼 때
그대 고왔소만

희게 도배하는
시간의 이간질에
버팀질도 못하고
끌려가는 우리가 슬펐오

김선자

전남 고흥 출생.
2007년 『창조문학』 신인상.
『한국문학평화포럼』에 「연탄」 외 2편을 발표하며 작품 활동 시작.
공동 시집 『고마워요 미안해요 일어나요』 『못생긴 손』 외 다수.
ks0095@hanmail.net

연탄

허기진 내 가난의 상처가 연탄처럼 까맣다
온기 없는 유년의 아랫목
차갑게 식은 열아홉 구멍마다
그리움으로 앉아 있는 구 남매
간혹 한 자리에 모이는 날이면
검은 상처마다 붉은 혀를 날름거리며
피어오르던 불꽃들
새벽녘에서야 이불 속으로 꼬리 감추면
메울 수 없는 가난 짧어지고
살아 갈 힘은 성난 불꽃임을 안다
행여 꺼트리지나 않을까
잿덩이가 될 때까지
제 한 몸 기꺼이 불사르던 연탄
어느 비좁은 비탈길 담벼락에 기대어
언 발 감추고 앉아 목을 빼고 있을까
앙상한 뼈마디마다 구멍 뚫려
식어버린 가슴 뜨겁게 데워줄 이 있을까
제 스스로는 불 밝힐 수 없어
겨울 끝자락에서 뚝 떨어져 내리는
고드름 같은 몸, 흔들리는 불꽃
골목에 오래 서 있다

벽 속의 비둘기

비가 오면 비가 된다
젖은 몸 나뭇가지에 걸치고 곤히 잔다
하늘을 배회하는 먼지들 땅속 깊이 밀어 넣고
하나둘 비를 피해
처마 밑으로 모여드는 비둘기들과 몸을 부비는 노숙자들
구르륵구르륵
심장 속에선 비둘기 울음소리 들린다
한 노숙자가 벽 속에 비둘기의 시체를 박아놓고 사라진다
귀 기울이면 벽 속에선
구구구
비둘기 심장 뛰는 소리
밤 깊어갈수록 노숙자들은
벽 속으로 비처럼 흘러들어간다
긴 혀 날름거리며 떨어지는 빗물들
(이곳이 너희들의 영원한 안식처니라)
구구구
비 오는 날이면 더 크게 우는 벽

화살표

화살표가 하얗게 누워 있다
신촌 현대백화점
5층에서 내려다본 아스팔트 위에
화살표가 화살이 되어
내 목을 겨냥하며
꼿꼿이 누워 있다
저 화살표는 어느 활시위를 떠나와
내 심장에 와 박히는 걸까
생의 길목마다
붉은 신호등처럼 무수히 깜박이던
화살들, 화살표들
몸을 뒤척일 때마다
화살표는 다시 화살이 되어
아스팔트 위에서 뒤척인다
간혹 걸어갈 방향을 바꾸기 위해
나는 화살표의 방향을 힘껏 뒤틀어 보지만
더욱 완강하게 눕는다
내 몸에 날아와 박힌다
목에 명중한다

어느 여름 저녁의 판토마임

빌딩이 느리게 하품한다 하나둘 불 꺼진 창들이 검은 눈을 깜박거린다 몽롱해진 눈으로 20그램 정도의 졸음이 파고드는 여름 저녁 8시에 공연하는 판토마임 인파를 헤집고 느리게 걷는 버스, 표정 없는 가로수, 땅속 깊이 다리 박고 殺身하는 신호등 그들의 연기가 무척 지쳐 보인다 빌딩 사이 잠시 등을 기댄 초승달도 움직임이 둔하다 어렴풋이 추억들 부부 떠다니고, 나도 그 추억 하나 붙잡기 위해 덩굴손을 뻗는다 빛의 입자들이 공중으로 흩어져 버린다 뇌 속에 정박한 의식이 돛을 올려 서서히 밤바다로 항해한다 아까부터 잔뜩 몸을 움츠리고 있던 까마귀 알퐁스*도 창밖으로 비상한다 초승달이 점점 샛노랗게 타들어간다 하늘에서 검은 잿가루 날려 속눈썹에 들어와 쌓인다 깜박깜박, 저 멀리 불빛 하나 환히 길을 비추는데 도저히 눈 뜰 수 없는 허기진 개 한 마리,

*까마귀 알퐁스 : 동화책 제목

달

그러고 보면 달은
가난한 동네에 가장 먼저 뜬다
한껏 키를 낮추고
엎드린 집들의 굽은 등을 어루만진다
빽빽한 전깃줄 혈관 사이로
해골처럼 떠 있는 가로등
술집 여자들의 헤픈 웃음소리
사내를 낚기 위해
여자들은 가랑이 사이로 비단 거미줄을 친다
족제비처럼 부푼 한 수컷을 안고
분홍 커튼 속으로 사라진다
문틈 사이로 습하게 풍겨오는 분 냄새
다시 발정 난 수컷들의 휘파람 소리
바람이 둥근 입술을 열고
고양이처럼 빨아들인다
슬레이트 지붕마다 쓰러져 있는 달빛
쓸어 남는 가리몽농 저녁
그러고 보니 달은
가난한 동네에 가장 낮게 뜬다

똥 같은 인생

아침 출근길
비둘기 두 마리 식사하고 있네
그들의 밥상
슬쩍
곁눈질해 보았네
부르튼 밥알 콩나물 미역쪼가리 단무지 배추김치
믹서 되다
그대로 내민 말간 얼굴들
비둘기 밥상 위에서 지들은 지들대로
불만이지, 똥도 되지 못한 인생이라고
고달프고 힘든 날
세상 참 살맛나지 않을 때
그래 맞아 똥 같은 날 말이지
워메, 저 우글우글한 것들만도
못하다고 여겨지는
내 초라한 생이
비둘기 밥상 위에서 빤히 날 쳐다보네
그런 날
어디 오늘뿐이던가
똥 같은 인생이라고 여겨질 때가
어디,

김연종

전남 광주 출생.

2004년 『문학과경계』로 등단.

시집 『극락강역』

medirac@hanmail.net

히포구라테스 선서

이제 疑業에 종사할 허락을 받음에,

나는 고객의 외모와 재력을 첫째로 생각하겠노라.

보증인의 지갑상태를 고려하여 과업을 착수하겠노라

내정의 비밀을 간파하여 疑業의 편법과 사이비 정신을 계승하겠노라.

나는 농업자를 원수처럼 시기하고 모함하겠노라.

학연 지연 혈연 피부 색깔 등을 고려하여 오직 목 좋은 곳을 골라 착취 의무를 지키겠노라

나는 인간의 생명을 그 수태된 때로부터 지상至上의 것으로 간주하여 수탈하겠노라.

비록 모욕을 당할지라도 해박한 나의 지식을 돈벌이에 어긋나게 않게 철저히 위장하겠노라.

이상의 서약을 나의 욕망의 그래프로 나의 공명심을 받들어 실천하겠노라.

Homo medicus

나의 텍스트는
피와 살과 뼈로만 기록되어 있다
도제 시스템으로 단련되어
전염력이 매우 강하다
세균을 혐오하지만
오직 세균의 힘으로만 부패한다
한 번 피 맛을 본 후론
달콤한 적포도주로도 갈증이 해소되지 않는다
바스락거리는 뼈 맛을 느끼고 나선
부드러운 육질을 거부한다
두개골은 갑각류의 등딱지보다 단단하고
매끈한 피부는 사나운 짐승의 가죽보다 질기다
박쥐처럼 초음파를 이용하고
동굴 같은 내시경을 들여다보지만
몸속 깊은 슬픔의 발원지를 찾을 수 없다
만약 내게 투시경이 주어진다면
옷 속에 감추어진 외부성기가 아니라
욕망을 감추어둔 내면의 장기를 훑고 싶다
캡슐 내시경처럼
입에서 항문까지 구불구불한 텍스트를

구석구석 밑줄 긋고 싶다
형광펜처럼 빛나는 고독의 기시부를 다시 찾고 싶다
오진과 오독 사이에서 또 하루를 탕진하였다
부패와 발효 사이 아찔한 칼날 위에 선
오늘도
온통 오류투성이다

RBC* LIfe

골수분자로 태어나 열혈분자로 살아 왔어
비록 몸은 작지만 붉은 태양을 닮았지
둥근 것들은 대부분 세상을 빈둥거리지만
난, 한순간도 쉬지 않고 둥글고 긴 배관을 달려왔을 뿐이야
산소통을 등에 매고
심장을 뛰쳐나와 밀림 같은 허파 속을 헤집기도 하고
붉은 광장 같은 뇌 속에서 잠시 휴식하다가
적색분자로 오인 받아 고개를 떨군 적도 있지
몹시 흥분한 사람들은 나를 보자고
나를 봐야 끝장이 난다며 가슴을 쥐어뜯지만
막상 나를 보고 나면
내 몸에서 역겨운 비린내가 난다며 뒤돌아 서 버리지
짜증 섞인 보자기에 나를 싸서
한 달에 한 번씩 휴지통에 몰래 버린 숙녀도
탯줄을 자르는 순간 성스러운 내 몸을 똑바로 쳐다보진 못해
과거 있는 여자처럼 무작정 나를 드러내기도 힘들어
요즘엔 심장이 쿵쾅대는 첫날밤에도
나를 만나기가 쉽진 않아
하얀 시트 위에서 기어이 나를 보겠다고
심장을 펌프질하며

무릎을 찧어대던 메뚜기 닮은 사내들도
까진 무릎을 보며 제 자신을 달래기 일쑤지
사람들은 내가 조금만 부족해도 낮달처럼 창백해져
금세 부족한 날 채우겠다고
선짓국을 들이마시며 검은 똥을 싸대기도 해
가끔 증오에 가득 찬 사람들이
손목을 그어 나를 내동댕이 칠 때 삶의 비애를 느끼지만
사그러드는 목숨을 위해 기꺼이 내 몸을 바칠 때
존재는 더욱 빛이 나지
그럴 때 나의 부재에 대해 걱정할 필요는 없어
난 골수에서 재생되면 그만이니까
인간의 욕망이 나를 통해 백년세수를 달리는 동안
난 기껏해야 서너 달 산소를 운반하다가
배달의 힘이 부족하면 깨끗하게 현장에서 물러나지
난 골수분자로 태어나 열혈분자로 살다가
비장하게 비장에서 생을 마감하는 거야

*RBC : red blood cell

명품 장기 백화점

조명가게에 들렀다
평균수명을 감당하지 못하고
자꾸만 깜박이는 안구를
형광색 각막으로 갈아 끼웠다
건식 코너에서
태반 추출액을 웅담처럼 들이켰다
쓸개 빠진 곰 인형들이
배꼽인사를 하며 명품코너로 안내했다
대머리 가발가게 직원이
전두엽과 측두엽의 대뇌피질을 빗질하고 있었다
음반코너 밀랍인형이
척추 사이에 골든 디스크를 끼워 넣었다
부위별로 진열되어 있는 명품 장기들,
정육코너에서 어렵게 구한 간과
화장실 스티커에 널려 있는 장기매매의 신장과
지하 시식코너에 풀어 헤친 내장 부속품들을
최신형 내비게이션에 맞춰 명품으로 교체했다
피팅룸에 들러 눈 화장을 지우고
온몸을 타투로 장식했다
자꾸 가물거리는 시간을 되찾기 위해

VIP 유전자 조작실에서
박살 난 머리통의 사이즈를 측정했다

오! 해피데이

스팸으로 가득 찬 골통을 삭제하고
텅 빈 골수에 맞춤식 유전자 정보를 끼워 넣으면
신 게놈지도에 맞춰
난 신나는 싸이보그로 재탄생하지

칼 같은 혀로
짧고도 깊은 키스를 하고
심장을 관통하듯
단번에 자궁까지 파고드는
기하학적인 하루

모니터의 초침소리에 맞춰
손상된 두개골의 파일을 복구하고
〈싸이보그 그녀〉를 조조할인으로 감상하지
마우스의 리듬에 따라 신명나게 춤추다
밤이 되면 수면 버튼을 눌러
예기치 않은 별자리의 탄생을 검색하지

고장 난 윈도의 눈알을 뒤집을 필요는 없어
시소게임 같은 섹스는 이제 지겨워

잘린 혀로 사랑을 더듬거리고
덜컹거리는 자궁으로
아바타의 복제를 축복하는

오! 해피데이

대규모 학살을 근거로 한 소규모 학설의 이분법적 고찰

페니실린은 슈퍼박테리아를 양산했고 허브는 시들었다 약초는 말라 비틀어졌고 침은 녹슬었다 근거중심의 임상이 담배연기처럼 꽃피었다 흡연은 폐암 등 각종 질병의 원인이 되며 특히 임산부와 청소년의 건강에 해롭습니다 구겨진 메시지가 담배 맛을 무너뜨렸지만 담배 연기는 여전히 도넛을 생산했다 인큐베이터가 미숙아를 성숙시키는 동안 소파는 건강한 태아를 지워나갔다 아동 성범죄 대책으로 전자발찌와 화학적 거세가 도입되었다 포경이 자궁경부암의 원인인지 귀두염을 유발하는지 입증하지 못한 채 신생아는 귀두표피를 절제했다 불합리한 가설과 정돈된 학설 사이에 수많은 목숨이 방치되었다 부정맥을 치료하는 모든 약제는 또 다른 부정맥을 유발한다 치료 방법이 정반대인 뇌경색과 뇌출혈은 증상이 비슷하다는 이유만으로 뇌졸중으로 함께 분류되었다 드릴로 뇌를 뚫어 불안을 제거하면 착한 시민이 될 거라고 믿었던 의사들은 결국 착한 시민이 되기를 거부했다 이중맹검의 절차를 거쳐야 하는 실험들은 모두 다 실험적이다 방사선 동위원소가 항암제인가 발암제인가 논란을 벌이는 동안 전지가위를 든 외과 의사가 모든 암 적존재들은 싹트기 전에 제거해야 한다는 사회적 거세론을 주장했다

김정원

전남 담양 출생.

2006년 『애지』로 등단.

시집 『꽃은 바람에 흔들리며 핀다』 『줄탁』 『거룩한 바보』

moowi21@hanmail.net

아파트

새도 둥지가 있고 여우도 굴이 있다
미물인 도롱이벌레도 나뭇잎이 있는데
수두룩하다, 머리 둘 곳 없는 사람들이

띄엄띄엄 흩어져 제 손발로 보금자리를 짓지 않고
북적북적 한 곳에 떼 몰려 살며
돈으로 팔고 사기 때문이다

빚으로 집을 산 사람은
입주한 날 밤부터 가난의 거미줄에 걸려든
잠자리가 되고, 이제
잠자리가 거미줄을 소유한 것이 아니라
거미줄이 잠자리를 소유한 것이다

토인을 야만인이라고 치부하는 문명인은
기껏해야 영악한 야만인이거나
염치없는 뻐꾸기에 지나지 않은 것을

잠깐만요!

지하철에서 붐비는 사람들을 밀치고 갈 때도
잠깐만요!

식당에서 음식 나르는 아주머니를 부를 때도
잠깐만요!

강의실에서 발표할 차례가 된 학생을 호명할 때도
잠깐만요!

회의 중에 울리는 휴대전화기를 꺼라 할 때도
잠깐만요!

국회에서 발언 시간을 넘긴 의원이 마이크를 놓지 않고 극구
잠깐만요!

미안합니다! 죄송합니다! 고맙습니다!
따뜻한 말 대신에,
내가 지금 나의 권리를 행사하고 싶으니
당신은 잠시만 당신의 권리를 유보해 달라,
어떻든지 내가 당신 위에 서야 한다는

메마른 시장경쟁원리를 속에 품은
차가운 표현,
잠깐만요! 잠깐만요! 잠깐만요!

공자와 맹자에 까막눈인 돌쇠에게도
한때는 신명난 동방예의지국이었던 그 나라가
빛바랜 추억같이 아련하다 하면
비행기에서 담배 피던 시절의 고리타분한 이야기 그만하라고,
지금은 지금의 생기발랄한 언어와 생활이 있는 거라고
쌍심지 켜고 덤빌까?

잠깐만요!

빨주노초파남보 집

서울 전역에 가을비가 내렸는데도
유독
강남의 한 타워펠리스에만 무지개가
두 개나 뜬다
나는 어느 것 하나 당최 잡을 수가 없어서
오두막이라도 좋으니 우리 집에서 살자는
어른의 아버지, 어린 아들의 죽비로
속가슴 시리게 얻어맞고 귀향하는
젖은 차창 밖,
오래전 상경할 때 지나친 관산처럼
그냥 쳐다보기만 한다

저 멀고도 높은 來人保宇* 아파트!

*rainbow

메타 데카르트

나는 존재한다
고로 생각한다

나는 접속한다
고로 존재한다

나는 참여한다
고로 존재한다

나는 관계한다
고로 존재한다

나는 사랑한다
고로 머물지 않는다

머물지 않음으로써
사라지지 않고[*]

나는 존재한다
고로 공감한다

*『도덕경』(功成而不居. 夫惟不居, 是以不去.)에서.

산책

봄날 이른 점심 먹은 뒤
딸 손잡고 넉넉한 산에 든다

경사가 완만한 오솔길 따라 걷는
우리 산행은 좀처럼 진도가 나가지 않는다

아빠, 이것은 무슨 꽃이야?
별꽃이란다

아빠, 저것은 무슨 나무야?
국수나무란다

아빠, 요것은 무슨 벌레야?
나비애벌레란다

참, 아빠, 조것은 무슨 새야?
응, 참새란다

큰 신비가 작은 가슴을 열친 어린 눈에
산은 책이다

죽임의 직선에게 살림의 곡선을
말없이 보여주는 스승이
구불구불 해찰하며 살아 있는 산소를 널리 펴는
산 책

빽빽한 숲 서점에서 느린 발품으로
산 책

더디기만 하던 산책을 겨우 완독하고
임도와 차도 사이 인도에서 뒤돌아보니
아이는 가뭇없고 초록빛 선명한 산이 묻는다

나에게,
너는 바쁘게 어디로 가는가?

2월

양지쪽 울타리 앞 커다란 돌멩이 밑에서 쑥 움이 돋는다

동산 한가운데 단단한 생강나무 가지 껍질을 뚫고 꽃봉오리가 금방 터질듯하다

사방이 꽉 막힌 바닥에 쓰러진 자가 바닥을 짚고 별빛을 바라본다

땅이 혼돈하고 공허하며 어둠이 깊은 태초에 하느님이 천지를 창조하셨듯이, 사랑을 차가운 땅에 묻고 돌아오는 마음이 혼란하고 허망하고 캄캄하며 다리가 팍팍할 때,

떠나보내야 할 것을 떠나보내고, 잊어야 할 것을 잊고, 화해해야 할 것에 손을 내밀어 다시 일어서야 할 때,

바로 지금이 그때라고 생각지도 못하고 지나가는 사이, 태초는 아주 먼 과거에 단 한 번 있었던 처음이 아니라 늘 거듭나는 현재가 아닐까

결빙과 해빙이 갈마드는 대지가 잃어버린 초록을 되찾으려고 몸부림하는, 떠남과 만남의 경계선 없는 경계에 선

나의 창세기는 요한계시록 22장 뒤에서 다시 꽃 핀다

박백남

전북 고창 출생.
1997년 『문학사상』으로 등단.
시집 『석류꽃엔 눈물샘이 있다』
pbnpj@hanmail.net

염소똥 속 검정콩

검정콩밭 옆에서 풀을 뜯고 있는 하얀 염소 한 마리, 검정콩만 한 염소똥들 쏟아낸다. 염소똥은 풀들의 주검이다. 풀들의 죽음이 시커멓게 돌돌 말려져 있다. 말라가는 똥들 속으로 검정콩 하나 떨어진다. 가을비는 문득 내리고 세상은 촉촉해진다. 염소똥 물도 땅속으로 스며든다 주검들 속으로 떨어진 씨앗, 봄이 되자 싹을 보인다. 콩싹은 똥알 먹고 자란다. 자식이 커갈수록 어미의 쭈쭈가 쭈글쭈글해지듯 콩싹이 자랄수록 쭈글쭈글한 콩껍질만 남는다 콩껍질을 깨고 나온 콩의 실뿌리는 다른 주검을 먹고 자란다 돌돌 말려져 있던 풀들의 죽음이 초록 콩줄기와 잎으로 환생한다.

어느 날, 흰 염소 한 마리 콩주인인 듯
콩잎 한 입 슬쩍 베어 문다.

겉은 검고 속은 하얀

검정깨꽃
짧게
환하게 졌다

흰나비들의 환호성과 분주한 날들도
속절없이 날개를 접었다
깨꽃 환하게 확 피었다 진 자리
묘지같이 음산하고 쓸쓸했다
흑임자는 밤처럼
조금씩 어두워졌다

까만 깨 속에 하얀 세상이 있는
검은깨,
어두운 한세상 껴안고 가다가
까만 껍질을 깨고
마침내 깨꽃은 참으로 환할 것이다

삼성역에서

시나브로 어두워지는 세상에
아직도 자비를 베풀 것이 있다는 듯
하늘에서 자꾸만 함박눈이 천사처럼 내려온다
눈발 붐비는 어느 세밑
부자들이 산다는 서울특별시 강남구
삼성역 계단에
젖은 낙엽같이
착 엎드려 있는 부랑아
두 손 벌리고 기도하는 중이다
일용할 양식을 주옵소서
몇 시간 동안 꼼짝 않고 있었는지
쥐나는 발가락 꼼지락 대며
기도하고 있는 중이다

나는 여태껏 이처럼 치열하게 산 적이 있었던가!

하늘에서 흰 눈들 내려와
짤랑짤랑 은닢 소리로 쌓이는데,
긴 머리 찰랑거리는 흰 옷 입은 흰 사내
부랑아의 손에 동전을 놓는다
진동모드 손전화같이 굳은 몸 부르르 떤다

섬진강

어느 봄날 하행길에 나는
수면제 먹은 듯 지리산 품에 안겨 잠 속으로 녹아들었다

한 사내가 눈 덮인 지리산 등허리에 앉아 야생마 몰듯 산을 몰고 있다 산은 천방지축으로 날뛴다 (그의 손에 섬진강은 들려 있다) 화살 쏟아지듯 소낙비는 내리고, 채찍처럼 강으로 지리산을 사정없이 후려친다 더욱 거세지는 산, 고삐를 바싹 당긴다 (손금에 진땀이 흐른다) 물채찍으로 계속 산을 후려친다 산은 깊은 신음소리를 내며 하얗게 질려간다 겨울이 다 가도록 산은 달린다 산등성에 피멍이 든다 이윽고 봄, 말갈기처럼 휘날리는 철쭉꽃 사이로 산피가 튄다 마침내 지리산 자락에 선혈이 낭자하다 바람 불어 불똥처럼 붉은 철쭉꽃잎 하나 내 잠에 찰싹 붙는다 잠이 화들짝 놀란다

붉은 꽃그늘 밟으며 산을 내려갔다 지리산 하초를 적시며 흐르는 섬진강, 그 강물 속에 하늘이 신神처럼 앉아 있었다

시클라멘

빨간 것은
순간 멈춤의 기능이 있다
기능성 빨간 속옷을 입은 그녀
그녀가 살고 있는 아파트 베란다

순식간에 닫힌 문틈으로 숨소리 들린다 나는 들썩이는 숨소리 살짝 들추고 엿본다 베란다에서 시클라멘이 둥근 잎들과 뒤엉켜 활짝 피어있다 눈이 빨간 꽃에 멈춘다 (왜 빨간 것만 보면 가쁜 숨소리를 듣는가) 절정에 다달은 붉은 꽃, 둥근 엉덩이 속에서 불끈 솟구친 붉은 호흡 고르고 있다

나도 덩달아 거친 숨 고르며
붉은 생명의 숨소리를 경이롭게
은밀히 엿듣고 있다

아버지

붉은 노을 바지랑대에 앉는다
그 바지랑대 위 노을을 움켜쥔
고추잠자리,
바람 세차게 불어도
늙은 아버지가 지팡이를 꼭 쥐듯
바지랑대 쥐고 놓지 않는다
손에 쥐가 날지라도
잠시 편히 쉴 곳은 그래도
늘 흔들리는 막대기 같은 삶의 꼭대기다

다음날,
어디선가 단풍나무 열매 하나 날아와
빙빙 돌며 길 위에 추락한다
내 눈길 멈춘 그곳에 고추잠자리 하나
길 가시다 쓰러져
영면하신 아버지처럼 누워 있다
악착같이 먹이를 움켜쥐던 그 다리는
땅을 꼭 쥐고
숨소리는 온데간데없다
그러나 언제든 이륙할 준비를 하고 있는

잠자리의 날개
그곳에 가을볕 내려 앉아
영원히 잠자리에 들기 전
염쟁이 염하듯 잠자리 몸을 닦는다
마지막 잠자리 드는 길이 다 붉다

이광복

충북 영동 출생.

2003년 전북중앙신문 신춘문예 시 당선.

lkbbkl@hanmail.net

고려장

"차타고 가세요."
"아니다 천천히 걸어가마."

동전 몇 닢
하루치 목숨 들고
파고다 무덤으로 가는

그 무덤 속에서
낡아버린 그림자
허물었다 쌓고, 쌓았다 허물고 계신

기우뚱 무릎 꺾는 하루의 생에
아귀처럼 달라붙어 촘촘히 이빨 박는 어둠 사이로
천천히 소화되는 아버지
아버지들의 그림자

늙은 부처를 만나다

제 몸보다 곱절도 넘는 돌 앞에 앉아
돌을 다듬고 있는 늙은 석공을 보았다
조심스럽게 문을 두드리듯
돌가루 뿌옇게 뒤집어쓴 채 묵묵히 망치질하는

저마다 부화를 꿈꾸는
수만 년 어둠에 감싸여 있던 뽀얀 속살들
어느 계곡 깊은 산이 웅숭깊게 품고 있던 알이었는지
망치질할 때마다
껍질을 벗듯 깊은 잠을 벗는다

세상의 모든 소리가 망치 속으로 숨어버리고
오직 망치소리만 고요히 울리게 하는 힘으로
귀와 입과 눈도 닫은 채
땀내 절은 수많은 시간을 건너왔을 터
때론 피멍든 손으로 캄캄한 돌 속의 길을 더듬어
피안의 문고리를 찾았겠지

돌 밖에 걸어둔 그림자가 돌이 되고
하늘에 매달린 해도 곱게 익어

늙은 석공의 굽은 등 위로 툭, 굴러 떨어질 때쯤
비로소 돌 밖에 걸어둔 그림자를 툭툭 털며 일어나
돌 속을 걸어 나오는
늙은 부처의 환한 얼굴

가랑잎

오랜 투병으로 병상에 누워 계신 아버지
늦가을 가지에 매달린 채
바람 앞에 파르르 떨고 있는 가랑잎 같다.
앙상한 손등
툭툭 불거진 잎맥 같은 혈관에 꽂힌 링거바늘로
떠나려는 아버지를 붙잡고 있지만
곱게 단풍 들지 못한 지난 생이
남은 생의 쓸쓸함을 발효시키는지 때론
가랑가랑 끓어오르는 숨결에서
두엄 냄새가 난다.

푸르렀던 생의 무게를 비워내느라
무겁게 닫혀 있는 눈꺼풀 사이에 고이던 눈물도
말라버려 가벼워진 몸
환자복을 갈아입힐 때마다
탄력을 잃은 피부가 손끝에서 부서질 듯 바스락거린다.
비바람 앞에서도 당당하게
내게 기둥이고 언덕이 되어주었던 그 넓은 등
오그라들 듯 휘어지고
바람 한 줌도 버거워 보이는데

오랜 질곡의 시간 버텨온 가랑잎 하나
바람 앞에 힘없이 떨어진다.
잎 진자리가 퀭하니 허공이다
저 깊은 허공을 오래도록 들여다보며 한 생애의 추억을
가슴 한쪽에 섭어 넣자 내 몸에노 허공이 보이기 시삭했다

누군가의 울음소리가 숲을 빠져나가
허공으로 스며들었다

우울한 게임

전원스위치를 올리면 모니터엔 사람과 마을이 태어나요 태어난 사람들과 마을은 조용히 과녁의 중심부로 옮겨가고 그 순간 버튼에 올려놓은 손가락은 건반 위에서 춤추듯 재빠르게 움직여요 손가락 끝에서 요란한 굉음의 음악이 흘러 나오고 과녁의 중심부에서 붉은 꽃들이 피어나요 피어난 붉은 꽃들이 사람과 마을을 삼켜요 피비린 향기가 지상의 모래바람을 가득 채웠어요

붉은 꽃에서 검은 나비 떼가 날아올라요 허공 가득 날아오른 검은 나비 떼가 태양을 먹어치워요 태양이 사라진 검은 하늘에서 검은 눈물이 흘러내려요 지상의 푸른 나무 수관에도 검은 피가 흘러요 공포에 질린 어린 나를 끌어안고 어머니가 울어요 제 주머니엔 손수건이 없어 어머니의 눈물을 닦아줄 수 없어요 창문을 열면 어둠 속에서 별처럼 빛나던 허공의 붉은 십자가가 오늘은 보이지 않아요

전원 스위치를 올리면
잔뜩 숨죽이고 있는 사람과 마을이 태어나고
손가락 끝에서 피어난 붉은 꽃은
사람과 마을을 검은 나비로 만들어 날리고
게임은 늘 일방적이었고

승리를 알리는 장송곡이 흘러 나왔어요

손

구십 년 만에 그가 돌아갔다
호상이라 했다
슬픔 한 점 묻지 않은 얼굴로
조문객을 일일이 맞이하는 상주
묵직한 경건함은
액자 속에서 환하게 웃고 있는
그에 대한 야유이다

밤늦도록
법 없이도 살 사람이었다고 한 잔
없이 살아도 불쌍한 사람 보면
입던 옷이라도 벗어주는 사람이었다고 한 잔
그래서 자식들도 다 잘된 것이라고 한 잔
얼큰하게 취해서 또 한 잔
살아서 따뜻한 손들이
죽어서도 따뜻한 손과 술잔을 나눈다

손이 얼마나 따뜻한가가
삶의 무게를 재는 눈금이라도 되는 듯 서둘러
밤공기에 차가워진 손을

마당가에 피워놓은 모닥불 앞으로 모으는
살아 있는 자들의 흔적이
죽은 자의 흔적에 손을 씻는 밤
얼큰히 취한 사내 몇이
주머니에 손을 찔러 넣고 휘적휘적
어둠 속으로 사라졌다

뱀 술

한 겹 유리벽 사이
오체투지로 지탱해온 삶 하나와 얼굴 마주하면
오소소 소름 돋는 고요
마지막까지 꼿꼿하게 허리 받쳐 세우려는
뼈마디 침묵의 힘이 종교로 읽히는 등신불 같은 너
독기 없인 횡단할 수 없는
종교가 마약 같고 마약이 종교 같은 세상
네 입에서 흘러넘치는 것 모두
적의로 번뜩이는 독기이라 해도
그것이 살기 위한 몸부림이었다면 기꺼이
무너질 때마다 캄캄한 내 오랜 절망의 틈새마다
너를 채워 넣어야겠다

한 잔의 독배가 성배가 되어
혈관을 타고 온몸을 뜨겁게 돌아
무너진 사내의 중심을 일으켜 세우면
비로소 살갑게 다가오는
수없이 빠트리고 읽은 세상의 문장들
행마다 나는 없고 너 혼자 외로웠으리
이젠 한 꺼풀 벗겨진 세상의 속살을

몸으로 더듬어 읽는다
꼿꼿하게 일어서는 척추의 뼈마디 사이에서
속삭이는 너
자신 있게 산다는 것은 시험에 드는 일이라고
유혹은 언제나 달콤했다

이우림

전북 김제 출생.
시집『봉숭아꽃과 아주까리』
m-seon-m@hanmail.net

바람꿈

웅덩이에 빠진 하늘에 물고기들이 날아다녔어 그 하늘에 슬쩍 손을 넣어 흔들어 보았지 하늘은 금방 물고기들을 웅덩이 흙탕물 속으로 처박고선 바오밥나무처럼 팔다리모가지가 잘린 은행나무 궁둥이에 찰싹 붙어버렸어 그 은행나무가 암컷이었을까 수컷이었을까 분명 수컷이었을 거야 가을이 되면 웅덩이에 빠진 하늘이 붙어버린 은행나무는 분명 수컷 알맹이들을 달 것이고

자궁 없는 것들은 동백꽃처럼 절벽에 붙어살다가 절벽이 되기도 하고 바다가 되기도 한다 절벽에 사는 꽃이 제 빈 자궁을 뚝뚝 떨어트리는 동백만은 아닐 것이다 알뿌리로 절벽 붙잡고 있는 해송 같은 막대기도 있지 않을까 막대기 같은 해송은 해쓱한 동백을 갖고 싶어 할 것이고 동백은 멋쩍게 서 있는 해송이 제 꽃방 수술이 되어 주길 바랄 것이다

다육식물 몇 놈으로 인해

빈 장독대 위
잠들지 못하는 다육식물 몇 놈
눈곱도 없는 말똥말똥한 잎들을 끊임없이 내놓고 있다
여린 것이
벌레 똥만 한 저 여린 것이, 지독하다
지독한 게 어디 사람이나 짐승뿐만이겠는가
낯선 집에 강제 이주당했을 때도
사막의 날을 버티느라 진땀을 뺐을 것이고
제 체온을 끌어당겨
북방의 날들을 무너뜨리기에 온 힘을 모았을 것이다
햇살과 구름 사이에서
내 안의 슬픔들이 한순간 댐처럼 무너진다
강을 내고 감정의 패망을 불러들이는 동안에도
저것들은
몇 겁의 전생을 돌아돌아
이름 지어지지 못한 세상의 모퉁이를
푸른 잠언으로 가득 채우려 한다
내가 읽었던 經書들은 과연
얼마나 많은 눈들의 감시를 받으며 늙어갈까
오늘도 나는 저 작은 식물의 침침한 인생사를 어루만진다

조리개에 물을 가득 채워
고소한 햇살 몇 줌은 덤으로 던져준다

막걸리

늦은 밤 문상을 다녀온다
집 앞에 차를 세우고 어둠을 향해 발을 내딛는데
막걸리 냄새가 코끝에 뽀얗게 매달린다
어둠에 가려져 보이지 않는 냄새는
맨홀뚜껑 틈에서 피어오르는 환각제처럼
무언가에 걸려 주춤거리게 한다
어둠 속에서
인디언 주술사처럼 아들의 새 자동차를 돌며
바퀴마다 막걸리를 붓는 옆집 여자
마치 몸의 경전을 풀듯 허리를 연신 굽실거린다
술이란 여우가 달빛을 걷어차며 걸어오는
자갈밭 같은 것
어린 시절,
어머니는 무쇠 칼에 막걸리를 찍어서
마치 상달행사를 치르듯
집안 구석구석을 헤집으며 알 수 없는 주문을
술밥처럼 뿌리곤 하셨다
누군가 성경책을 들고 우리 집에 오면 빈축만 샀다
그 도깨비 같은 주문 속에서
내 키는 한 뼘 반이나 더 늘어났고

술 한 모금 못하는 어머니 앞에서
술에 저당 잡힌 아버지의 눈치는
쥐구멍처럼 반들거렸다
나는 가끔씩 막걸리에 기대어 잠을 잔다
책 대신 마리화나 같은 몽환의 한 페이지를 읽는다
뽀얗게 말라가는 기억을 넘기며
한 권의 멀미나는 과거를 정독한다

끈

황소 한 마리가 하늘을 떠받치고 있다
골수를 다 뽑아먹고도
부족한 것일까 저
멈출 수 없는 되새김질의 습관은
제 긴 혀를 노끈처럼 씹고 있다
갈기갈기 찢긴 혀가 찾는 것은
먼 기억의 여물
언 땅 쪼개고 나오는 씨앗의 탯줄이다
섶을 푼다
아, 자궁이 움찔하도록 젖을 빨아라
동아줄 같은 질긴 기억의 숨이 옆으로 눕는다
껌벅껌벅. 밭갈이 저만치 두고
눈 큰 암소 곁에서 말뚝만
들이 받던 뿔숨이
정지된 시간과 합류한다
질기고 질긴 인연
쇠심줄보다 더 질긴 기억의 유산들은
코뚜레를 영정으로 앉힌다
끝까지 등골을 다 빨아먹고 가는
저 황소 한 마리

가슴에 문둥병을 앓고 있는 나의 손은 알고 있다, 떨리는 손가락 한 마디가 풀어내는 낮은음자리를. 썩은 속 고스란히 전달하는 곪은 포만감을 말하다

당신도 그렇지?

좌판
–두통

머릿속의 불개미 같은 고통을 이고
오일장에 간다
얼마나 팔 수 있을지,
방망이질하는 심장소리를 따라
걸음을 휘저으며 적성장에 도착한다
이미 난장은 들썩이고 있다
산 하나를 다 끌고 온
노인의 취나물 보따리 옆에
옹색하게 쪼그려 앉는다
뿌리를 떠나온 것들은
싱싱할 때 넘겨야 제 값을 받는 법
어느 순간 노인은 보이지 않고
바람이 비닐봉지로 들어가 덤으로 들썩인다
한때 나는 달콤한 말들을
내 머릿속에 저장해놓고
사랑을 위해 수시로 꺼내 먹은 적 있다
오지 않는 사랑 속으로 득실거리던 개미 떼
장터를 어슬렁거리는 햇살에게
꿀맛 같은 에누리를 외쳐보지만
부서진 아스피린처럼 서쪽으로 몰려간다

구름의 의중을 물었지만
조금 있으면 파장이란다
재고처럼 집으로 돌아오는 길
두통은 남은 내 사랑의
에누리 없는 미끼로 사용할 것이다

이춘희

강원 정선 출생.

공저 『옷장 속의 옷』 외 다수.

ebom@hanmail.net

어린 이름

길섶이 깊어지면서
풀들의 걸음마가 보이기 시작한다
강아지풀,
아니다
어느덧 씨앗들마저 한소끔 담고 있으니
어찌 저들을 유년의 몸짓으로 가두겠는가
오후가 되면 강아지풀들은 길섶으로 모인다
가느다란 생애의 어느 끝에서
솜털들에 의해 모여 앉은 저 순진무구한 씨앗들,

잠시 거실에 재워 놓은
작은 잠 하나 보러 집으로 향한다

아홉수의 가을

수상하다
고열의 추억들이 목젖을 뒤흔들고 있다
붉은 말들과 어느 모퉁이에서 닫혀버린 눈빛들이
다시금 기억을 열고 내 안으로 침입한다
고립의 밑둥까지 덮어버렸던 무수한 침묵의 고뇌들이
다시 아주 작은 미열의 목젖 끝 기척에도
풀썩, 정체를 드러낸다
그때 그 가을이 다시 돌아온 것이다
내 인생의 뜨거운 언어는
이제 거실을 떠나지 못하는 걸까
베란다 창 너머 숲은
내 안의 생각들을 거들떠보지도 않는다
오후 내내 잠들어 있던 휴대전화 속
오래전 문자 한 줄이
연체되고 있는 나의 하루를 조언해 줄 뿐
창틀에 낀 바람의 속삭임에도 내 어깨가 흔들린다
한동안 뜸하던 전화기 속의 기척들이
외투를 걸치기 시작했고
햇살은 천천히
지하계단 속으로 걸음을 옮기고 있었다

동강, 할미꽃을 보다

이곳의 할미꽃은 자존심이 세다
두 동강 날지언정 고개를 숙이지 않는다
절벽과 절벽, 절박한 벼랑을 딛고도
좀처럼 몸을 사리지 않는다
말이 할미꽃이지 여장부나 다름없다
세상의 양지바른 할미꽃이
할애비 무덤을 찾을 때에도
동강의 할미꽃은
세월 깊이 뿌리를 내리고
그리움 멀리 무덤이 돌아오길 기다린다

초상화 같은 봄날의 추억
동강의 할미꽃은 그리움이 세다
직각의 그리움이 뒤틀어질지언정
절벽과 절벽, 척박한 돌을 딛고도
절대로 세월을 굽히지 않는다
오늘은 잃어버린 흔적의 굽이굽이
그 내력의 힘을 나 받아 내리라

가뭄

어쩌다 이곳에서 물들은
녹슨 사연들을 끌어내고 있는 걸까
돌이켜보면 그의 삶은 녹슨 펌프 같다
목젖까지 깨워도
좀처럼 끌려나오지 않는 삶의 기별
지난날이 무심코 던지는 마중물에도
좀처럼 대꾸가 없다
긴 복도 소독 내음을 이끌고 나온 휠체어만이
바깥을 내려다 보는 오후 한때
나는 한동안 말이 없고
과거들은 고스란히 그에게 몰려갔는지
휠체어 속의 침묵, 길다
어디쯤 돌아 나오고 있을까
그는 오늘도 오전에 삼킨 링거를 길어내기 위해
수많은 고통들을 마중물로 썼다
쇳소리와 신음들을 길어내기 위해
더 많은 갈증을 치뤘다
삶의 어느 쯤에서 그 많은 녹들을 움켜 쥔 걸까
시립 의료원 새 희망 병동
햇살이 종일 그의 머리맡을 서성이고 있다

해바라기

한철 내내
그만 따라다녀도
끝내 입이 열리지 않아
수많은 말들
얼굴 가득 묻었다

이제 더는 그를 따를 수 없어

깊고 궁벽한 이야기

연근 속에서 구멍들을 썰어간다
뿌리로 묻혀 있던 것들
칩거의 날들을 썰어간다
조금씩 조금씩 깊어지면서
더욱 환해지는 깊고 궁벽한 이야기들
더 이상 보이지 않는 연근의 구멍이
고리를 드러낼 때까지 이야기들을 썬다
연근의 생애는 비움의 길이다
물속 깊은 곳에서
햇살 하나 들지 않는 침묵을 펑펑 참아낸다
위에서 행해질 빛나는 이야기들
뿌리는 파안미소의 꽃송이를 밀어 올리느라
그토록 구멍이 숭숭 뚫린 걸까
모든 아름다움 속엔 세월의 속내로 숨기고 지낸
골다공증이 들어차 있었구나
연근을 썬다
아무리 쫓아도 줄어들지 않는
동그랗게 속이 비워진 어머니의 세월 속에서
하루치의 공복을 줄여간다

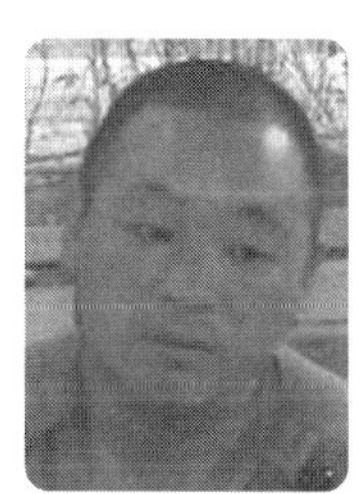

정연탁

전남 광주 출생.

2007년 『시에』로 등단.

train0999@hanmail.net

숲 속의 방

숲은 방에서 나오지 않았네
오랜 날을
장화 신은 기도는
밖에 나가는 날이 많았는데
일기장엔 공장에 대한 이야기뿐
떼어내고 싶은 산소 공급기 이야기뿐
가을 어두운 입들이
호수를 만들기도 했지만
가을은
가을이었네
겨울이 와서 또 한 번
아무렇지도 않게 즐거웠고
일기장에
임종을 앞둔 올망졸망한 귀여운
공장들이.
여보세요
보고 싶은 당신
오랜 날을 숲 속에 방에 있었네

무럭무럭자라라아버지

오고있어
누가
누가
쏴아
깜빡
아버지
귀좀뺄수없냐벽에붙여놓던가
말에말뚝박았어이소새끼야
음악에맞춰형광등고개를흔들어댄다
파출소를잡아오면어떻게해
뭐해배고프대잖아
밥말아줘야지
검정교복의소녀들
지하실유리창을기웃거린다
조롱에서쏟아지는콩나물
손발이묶인버둥대는물방울
회사를몰고폭주뛰러나간다
기름떨어진골목
소줏병의날들무럭무럭자란다
내일아침

시장에팔아야겠어
으흣

성탄 전야제

어쩌면 저렇게 맛있는
빛깔일 수 있나요
간혹 바람은
수도꼭지에서 똑똑
따뜻한 눈을 퍼붓고 갔지요
마당에 바람은 도회지 집 나간
예수를 한 움큼 쏟아붓고
길만 쓸고 돌아오곤 했지
따뜻한 전야제였어
빨랫줄에서
아이들은 들떠 어쩔 줄 모르고
강력 세제가 우리 집을 점령하곤 했어
지상을 한 번도 떠난 적 없는
물 묻은 아버지는 벽에 걸리고
빨아도 빨아도
피 묻은 저녁이
소금에 절여져 찾아오곤 했어
그를 기다리는 겨울은
얼마나 따뜻한지 몰라
부활하지 않았으면 좋겠어

“아저씨 양말 속에서 뭐하세요.”

아파트 가는 길 2

아무도 돌보지 않는
거룩한 밤이었지요
간 밤
케이크가 소리 없이 몰려와 하얗게
박수를 쳤습니다 꺼진 촛불이 창문으로 들어와
난방이 고장 난 나를 사각서걱 맛있게 갉아 먹었습니다

빨간 일요일
생일
은 머리를 내려놓고 혼자 드리볼합니다
창문 너머 깔깔 웃곤 합니다 머리를 땅에 박곤
경찰서 젊은 철책을 넘은 전두경찰
때굴때굴
룰루랄라
발갛게 초코파이는 교회당을 집어 삼키고
룰루랄라
편지를 붙인다는 걸 깜빡 잊고 담장을 넘습니다

십이월 이십이일
물컹한 오후의 신들한 햇빛

꽃집 유리창에 둘둘 말린 발자국을
거리에 풀어 놓습니다
사랑하는 여자를 때굴때굴 굴려
눈사람을 만나러 갑니다

룰루랄라
새마을 운동복으로 갈아입은
평화로운 일요일 오후
따뜻한 아파트 화단에
일그러진 피자가 누워 있습니다

말랑말랑 공산당

집집마다 국회의원은
벽에 걸려 불알에 땀나도록 뛰어 다녔다
바람이 재개발의 이마에 맺힌
땀을 식혀주는 동안
개발되지 못한 사람들은 제 몸에
삽질을 하기 시작했다
딱딱한 햇빛은 변두리로
스멀스멀 스며들었다
거리로 내몰린 단단한 빵 주변을
완장을 두른 껌 씹는 어머니는
붕어 낚시를 했다
빵을 굽던 나무젓가락 같은
말단 공무원
길바닥에 패대기쳐져 입만 뻐끔거렸다
빵은 착하고
개스통에 매달린 용이 근육을 움직일 때마다
밖을 향해 얼굴을 빼꼼이 내밀곤 했다
한 발만 더 오면 풍선 터트릴 거예요
그날 움츠린 빵은 절뚝이며
노을 속으로 사라졌다

폭탄 맞은 가로수들은 아름다운 꿈을 꾸었고
수색 매복을 하듯 어둠이 내렸다
말랑말랑한 늙은 월남 용사는
모래사막에서 스키를 탔고
붉은 빵 속을 허우적거렸고
어머니는 밤거리를 활보하고 다녔다
벽에 걸린 국회의원은
불알에 땀나게 뛰어 다녔고

양지배우다고물상

얼음음지선풍기십자가
철판쓰러지다울타리간판
신문지버리다도망골목길취하다텔레비전
사진기구멍햇빛비오다
빵
무지개달아나다고철더미빠져나가다
가르치다아장아장밀림아
빵
먹는것변비기차담배김밥무덤
빛빛이집트백조빨랫줄유적지
짐승밤울음소리구두출렁거리다
언덕킹콩대다
숨다보다꽃들키다흔들리다
일주일채집상떠나다트럭
실려가다오라이아
빵
안녕

| 해설 |

문명의 폭력과 자연의 생명력

김석환(시인, 명지대 문예창작학과 교수)

'문학동인'은 말 그대로 같은 문학적인 이념이나 목표를 추구하는 문인들의 모임으로서 동서고금을 통하여 문학 발전에 큰 역할을 해왔다. 영국의 경우 이미지스트들은 강령을 발표하며 이미지즘 운동을 꾸준히 전개하여 영미 모더니즘의 발판을 마련함으로써 현대시 발전에 획기적인 역할을 했다. 우리나라에도 장미촌, 폐허, 백조, 시문학파, 삼사문학동인, 생명파 등의 동인이 모국어마저 쓰지 못하던 일제 강점기의 어둠 속에서 시의 등불을 밝혔다. 그 동인들을 징검다리 삼아 한국 현대시사는 한 걸음씩 나아 왔으며 광복이 찾아온 것이다. 그리고 후반기동인을 필두로

하여 전후에 결성된 많은 동인들은 경향 각지에서 시의 저변을 확대하며 우리나라를 '시의 왕국' 으로 불리게 하는 데 큰 기여를 했다. 특히 자금력을 갖춘 소수의 문예지들이 문학적 권력을 집중적으로 행사하는 중에 시인들은 동인을 결성하고 동인지를 발간하여 발표 지면을 확보하였다. 그리하여 문학 권력과 거리를 두고 활동을 전개하며 시의 다양성과 순수성을 지켜 왔다. 1990년대를 전후하여 인터넷이 빠르게 보급되면서 온라인을 통하여 많은 동인들이 결성되고 왕성하게 활동함으로써 소수 문예지에 집중된 문학 권력을 해체하기에 이르렀다. 그렇게 시단의 양상을 변화시킨 힘은 오직 시 창작에 대한 열정으로 꾸준히 시적 능력을 쌓으며 동인 활동을 해온 시인들에게서 비롯되었다.

'마루시 동인' 역시 오직 시를 사랑하며 창작에 전념하던 시인들이 온라인을 통하여 교류를 시작하면서 자연스럽게 결성된 동인이다. 그동안의 성과를 모아 이미 동인지를 낸 바 있는데 이제 두 번째를 낸다니 반가운 일이 아닐 수 없다. 동인들이 다양한 목소리로 서로 자극을 주고받으면서 시심을 닦아 왔기에 시의 주제나 형식적인 공통점을 찾으려 한다는 게 무리일 수도 있다. 그런데 동인들의 시에는 문명의 폭력에 의해 비인간화되는 시대에 대한 고민과 그것을 해결하기 위한 대안으로서 자연에 내재된 생명력을 찾아 제시하고 있다. 그리고 혼탁한 시대의 흐름 속에서 희미해지는 자신의 존재를 확인하고 기원을 찾기 위한 노력을 엿볼 수 있다. 이러한 공통점은 사회인이요 예술가인 동인들이 같은 시대를 살아가며 참된 인간성을 찾아 지키려고 함께 노력한 결과라고 믿는다.

1. 문명의 폭력과 비인간화

우리 사회에 1970년대부터 일기 시작한 산업화의 물결은 농경을 중심으로 하던 기존의 사회적 또는 문화적 전통에 많은 변화를 가져왔다. 삶이 편리해지고 풍요로워진 반면 물신주의가 팽배해지고 그에 따라 인간성 상실이라는 대가를 치러야 했다. 백화점마다 넘치는 상품들은 산업화가 가져 온 물질적 풍요의 상징으로서 끝없이 우리들의 욕구를 부추긴다.

> 화살표가 하얗게 누워 있다
> 신촌 현대백화점
> 5층에서 내려다본 아스팔트 위에
> 화살표가 화살이 되어
> 내 목을 겨냥하며
> 꼿꼿이 누워 있다

—김선자, 「화살표」 일부

백화점으로 가는 길을 알려 주는 '화살표가 화살이 되어' 화자의 '목을 겨냥하며' 누워 있다니 참으로 역설적인 상황이다. 생활에 필요한 모든 상품이 가득한 백화점은 고객들의 물질적 욕구를 만족시킬 수 있지만 그것은 끝내 다 채울 수 없는 게 아닌가. 사람들은 이제 그것을 만족시키기 위해서 더 많은 상품을 생산하고, 그러기 위해 더 많이 일을 해야 한다. 소비가 미덕이 된 이 시대의 사람들은 대량 생산과 대량 소비를 되풀이하다 보니 스스로

물질의 노예가 되었다. 또한 생산을 위해 자연을 파괴하며 자재를 구하고 공장을 건설하다 보니 자연 재해나 공해가 발생하여 화를 입게 되었다. 그래서 백화점으로 가는 길을 안내하는 화살표는 사람의 생명을 공격하는 무기인 화살이나 다름이 없다.

김연종 시인은 "명품 장기 백화점" 풍경을 그리며 산업화를 이끈 첨단 과학문명으로 말미암아 파괴된 인간성을 풍자적으로 보여 주고 있다(「명품 장기 백화점」). 찬란한 조명 때문에 오히려 "평균수명을 감당하지 못하"는 "안구를 형광색 각막으로 갈아끼"우고 "태반 추출액을 웅담처럼 들이"는 화자는 문명의 힘을 추종하다가 인간성을 상실한 우리들의 모습인지도 모른다. 그런 화자는 명품코너로 안내하는 '쓸개 빠진 곰인형'과 다를 바가 없으며 대뇌, 신장, 내장, 눈 등 온몸의 부위들을 "명품 장기"로 교체한 기계인간에 불과하다. 그는 자신이 인간다움을 잃기 이전의 시간을 되찾기 위해 "박살난 머리통 사이즈를 측정"하고 있다. 그러나 오히려 디지털 시대가 도래하여 "텅 빈 골수에 유전자 정보를 끼워 넣"고 "신 게놈지도에 맞춰" "싸이보그로 재탄생"하였다(「오! 해피데이」). 사랑을 속삭이던 혀는 잘려 이웃에게 상처를 주는 칼이 되고 새로운 생명을 잉태해야 할 자궁은 "아바타의 복제"를 거듭할 뿐이다.

김정원 시인의 시 「아파트」에서 새, 여우, 도롱이벌레 등 미물들은 자연 속에 깃들어 사는데 사람들은 "제 손발로 보금자리를 짓지 않고" 떼를 지어 편리함을 찾아 도시로 몰려나와 살고 있다. 그렇게 사람들은 자연을 등진 채 돈으로 집을 팔고 사는데 그 중에서 빚을 진 사람들은 "가난의 거미줄에 걸려든 잠자리" 신세가 되었다. 안식을 위한 보금자리가 오히려 자신을 구속하는 덫이 되었으니 자연에 의지하여 살던 토인이 야만인이 아니라 문명인이 오히려 "영악한 야만인"이다. 그리고 남의 둥지에 자신의 새끼를 키우는 "뻐꾸기에 지나지 않은 것"이다. 더구나 어떤 이들은 "머리 둘 곳"이 없는데 "강남의 한 타워펠리스에만 무지개가/두 개나 뜬다." (「빨주노초파남보 집」). 그렇게 산업화로 인하여 빈부 격차가 커지면서 사회적 모순이 심화되고 있음을 풍자적으로 지적하고 있다. 박백남 시인의 시 「삼성역에서」 보면 그 "부자들이 산다는 서울특별시 강남구/삼성역 계단에/젖은 낙엽같이" 엎드려 구걸하는 "부랑아"가 그러한 시대적 모순을 극명하게 보여 준다. 그의 손에 쌓이는 흰눈, 한 사내가 놓고 가는 동전은 그 사내가 대신하는 소외된 계층의 고통을 구체적으로 암시한다.

이제 사람들은 산업화 시대를 거쳐 컴퓨터가 이끌어 가는 디지털 시대를 맞이하여 전원 스위치를 올리면 모니터에 펼쳐지는 새로운 세상에 살게 되었다.

전원 스위치를 올리면
잔뜩 숨죽이고 있는 사람과 마을이 태어나고
손가락 끝에서 피어난 붉은 꽃은
사람과 마을을 검은 나비로 만들어 날리고
게임은 늘 일방적이었고
승리를 알리는 장송곡이 흘러 나왔어요

—이광복, 「우울한 게임」 일부

모니터, 그 가상적 공간에 '사람과 마을이 태어나고', 그것이 중심부로 옮겨 가고, 그곳에서 붉은 꽃들이 피어난다. 그 꽃들이 사람과 마을을 삼키고 '검은 나비로 만들어 날' 린다. 그 '피비린 향기가 지상의 모래 바람을 가득 채' 우는 사이버 공간의 '게임은 늘 일방적이며 장송곡이 승리를 알린다.' 그렇게 사이버 공간의 파괴적인 과현실(hyper reality)은 실제 생활이 이루어지는 현실을 죽음의 땅인 사막처럼 삭막하게 한다.

이우림 시인의 시 「막걸리」에서 화자는 "인디언 주술사처럼 아들의 새 자동차를 돌며/바퀴마다 막걸리를 붓는 여자"를 만난다. 현대 문명의 속도를 이끌어 가는 이기인 자동차에 막걸리를 뿌리는 행위는 아직 우리 사회에 주술시대와 문명시대가 공존하고 있음을 해학적으로 보여 준다. 그것을 본 화자는 어린 시절 무쇠 칼에 막걸리를 찍어 집안 구석구석을 헤집으며 주문을 외던 어머니를 떠올린다. 그리고 막걸리는 비록 과학성이 없는 주술적 행위를 통해서라도 가족들의 무운을 빌던 어머니의 깊은 사랑을 대신한다. 한편 이춘희 시인의 시 「아홉수의 가을」에서 보면 정보화 시대를 사는 화자는 "베란다 창 너머 숲은 내 안의 생각들을 거들떠보지 않는" 무료한 날을 보낸다. 그러다가 "휴대전화 속/오래 전 문자 한 줌"의 조언을 받으며 그 속의 기척을 듣고 기억을 되살린다. 그렇게 사람들은 자연보다 사이버 세계를 더 가까이 접하면서 그것으로부터 생활과 생각에 더 영향을 받게 된 것이다.

2. 자연의 생명력을 찾아

자연을 등지고 첨단 과학기술 문명의 혜택을 누리며 사는 동안 사람들은 물질의 힘에 의지하고 실제 현실보다 사이버 공간의 과현실을 더 가까이 하게 되었다. 그러나 과학문명의 발전에 반비례하여 정신문화는 퇴보를 거듭하여 사람들은 인간성 상실과 소외 등 무서운 형벌을 스스로 받게 되었다. 시인들은 그러한 현실이 주는 고통으로 벗어나 상실한 인간성을 되찾고 진정한 인간적 문화를 유지하기 위한 대안으로 자연에 숨은 생명의 비밀을 찾는다.

강신순 시인의 시 「복분자를 마시다」에서 "복분자 술병이 비어 갈수록 몸속 핏줄기들은 당겨진 활시위처럼 팽팽"해짐을 느낀다. 그것은 단순히 술의 물질적 작용 때문이 아니라 그 속에 깃든 자연의 생명력을 받아들였기 때문이다. 그 힘은 화자가 "날아가 꽂힐 것 같은 마음"으로 "세상을 다 멋있"게 보도록 내면을 변화시키기도 한다. 그리고 세차를 하고 나서 미용실을 다녀왔는데 잠깐 사이에 누런 가루들이 차체를 덮고 있었다. 알고 보니 그것은 황사가 아니라 송홧가루였는데 화자는 솔향기를 맡으며 "절로 콧노래를 부른다". 자연은 그렇게 사람들에게 기쁨을 주는 활력소가 된다.

크고 작은 소리통 흔들리고
알 수 없는 몸떨림으로
피어오르는 향내에
낮은 노래를 섞습니다

이건 나의 노래가 아니라
신이 스스로를 타는 곡조입니다
우리 여럿의 어제와 오늘
그리고 다가오는 날들이
모자이크 된 아름다운 수틀입니다
정령들 모아 손 마주하고
푸른 단 아래 엎드리면
긴 경배의 언어들이 넘칩니다
정성 가득한 너른 품이
마음 가난한 나에게도 나누어집니다

—김경조, 「노래 부르는 숲」 일부

숲은 노래를 부르며 마른 솔잎과 산초열매로 눈감고 "아득한 시간"을 감지하게 한다. 그리고 '몸떨림' 으로 향내를 피워 화자도 함께 노래를 부르게 하는데 그것은 화자가 지은 것이 아니라 숲의 '신이 스스로를 타는 곡조' 를 배우고 익혀서 부르는 것이다. 그리고 숲은 우리 모두의 '어제와 오늘/그리고 미래가 모자이크 된 아름다운 수틀' 로서 그 속에 자연의 운행과 그에 따른 삶의 원리가 내재되어 있다. 그것을 담당하는 '정령들' 을 두 손에 모아 '푸른 단 아래 엎드' 려 경배하면 숲은 그 '너른 품' 을 화자에게도 나누어준다. 이처럼 숲은 우주와 삶의 운행을 이끄는 정령이 사는 제단으로서 그 비밀을 노래와 몸짓과 향기로 보여 준다. 그리고 마음이 가난한 화자를 감동시켜 찬양과 경배를 드리며 너그러운 숲의 마음을 닮게 한다. 이는 자연으로부터 진정한 삶의 길을 찾고자 하는 김 시인의 겸손한 자세를 엿보게 한다.

한편 김정원 시인은 시 「산책」에서 숲이 우거진 산에 딸의 손을 잡고 걷다가 그곳에 깃들어 사는 생물들의 이름을 묻는 딸에게 가르쳐 준다. 그리고 산은 "죽임의 직선에게 살림의 곡선을 말없이 보여 주는 산 스승"이요 "산 책"이라고 이름을 짓는다. 즉 산은 삶의 길이 들어 있는 살아 있는 책, 즉 전범과 같다는 것이다. 박백남 시인의 시 「염소똥 속 검정콩」에서 검정콩밭 옆에서 풀을 뜯는 하얀 염소가 검정콩만 한 염소똥을 쏟아내고, 그 똥 속에 검정콩이 떨어지자 가을비가 문득 내려 똥과 함께 땅속으로 스며든다. 봄이 되자 싹이 나고 자라는데 염소는 그 "콩잎을 슬쩍 베어 문다". 그렇게 자연은 우주와 생물들이 연쇄적으로 순환을 하는 가운데 서로 돕고 희생하여 스스로 새로운 생명을 키우며 질서를 유지해 간다. 박 시인은 그것을 알기에 아파트 베란다에서 둥근 잎들과 뒤엉켜 활짝 피어 있는 시클라멘 "빨간 꽃을 보고 거친 숨을 고르며/붉은 생명의 숨소리를 은밀히 경이롭게/은밀히 엿듣고 있다." (「시클라멘」)

이우림 시인은 주변에 흔히 볼 수 있는 작은 식물들에서 심오한 자연의 신비를 감지한다.

저것들은
몇 겁의 전생을 놓아놓아
이름 지어지지 못한 세상의 모퉁이를
푸른 잠언으로 가득 채우려 한다
내가 읽었던 經書들은 과연

얼마나 많은 눈들의 감시를 받으며 늙어갈까
오늘도 나는 저 작은 식물의 침침한 인생사를 어루만진다

—이우림, 「다육식물 몇 놈으로 인해서」 일부

'다육식물' 은 '몇 겁의 전생을 돌아돌아' 온 곡절 많고 '침침한 인생사' 끝에 익힌 '푸른 잠언' 을 들려주는 '經書' 이다. 비록 이름도 없는 '세상의 모퉁이' 에 놓여 '많은 눈들의 감시를 받으며 늙어' 가지만 그것을 어루만지는 화자의 손끝을 통하여 자연의 섭리와 삶의 길을 전해 준다. 그 대가로 화자로부터 '고소한 햇살 몇 줌' 받는 열악한 환경에서도 끈질기게 생명을 이어가는 다육식물에 숨은 신비를 해독하는 시인의 예리한 손길이 감동적이다.

이춘희 시인은 "절벽과 절벽, 척박한 돌을 딛고" 자라는 '동강할미꽃' 의 생태를 묘사하며 자연 속에 내재된 억센 생명력을 보여 주고 있다(「동강, 할미꽃을 보다」). 이름과 달리 "두 동강 날지언정 고개를 숙이지 않"고 "몸을 사리지 않으"며 "세월 깊이 뿌리를 내리고" "세월을 굽히지 않"는 할미꽃은 시시각각 변화를 거듭하는 인간과 다르다. 화자는 그런 인간 세상으로부터 멀리 떨어져 그리움을 참으며 사는 "그 내력의 힘을 받아 내리라"고 한다. 그리하여 자연 속에 내재된 생명력과 삶의 원리를 본받아 참된 인간성을 지키며 살고자 하는 시인의 자세를 엿보게 한다.

3. 부모, 그 존재의 기원

우리 사회는 산업화시대를 거쳐 정보화시대로 접어들면서 급격한 변화를 거듭하였다. 농경문화의 전통은 이미 단절되었으며 부권 중심의 가부장적인 가족 형태가 위기를 맞게 되었다. 특히 정보화 시대로 접어들면서 중심이 해체되고 사회는 점점 파편화되어갔는데 이런 변화는 문학의 흐름에도 큰 영향을 주었다. 즉 가부장적인 사회를 배경으로 하는 모더니즘 문학이 약화되고 포스트모더니즘적인 양상이 두드러지게 나타났다. 그런데 점점 심화되는 전통의 단절과 파편화는 개인들에게 상대적으로 자신들의 존재에 대한 상실감을 느끼게 하였다.

최근 시단에 자주 등장하는 노인과 부모에 대한 관심은 핵가족 시대의 사회적 문제는 물론 그것을 넘어 개인들이 겪는 존재에 대한 상실감과 위기의식을 반영한다. 부모는 자신을 낳아 주었을 뿐만 아니라 독자적 존재로 살 수 있게 양육해 준 보호자이다. 특히 어머니는 유아기 적에 자신의 존재를 비추어 줌으로써 총체적 자아를 형성하게 한 거울이었다. 그리고 아버지는 어머니와 관계 속에서 형성된 자아가 주체가 되어 사회로 진입하도록 이끌어 주고 때로는 통제를 한 인도자가 아닌가. 그렇게 인간 존재의 기원이자 거울이요 인도자인 부모를 의식한다는 것은 존재의 위기감에서 벗어나려는 노력이다.

강진순 시인은 큰아버지를 묻고 돌아온 지 백일 만에 큰어머니를 문중 산에 나란히 묻고 와서 "쌍무덤"을 보며 "금슬 좋은 부부의 모습 그대로다"라고 한다(「죽어서도 다시 부부가 되어」). 강

시인은 그렇게 부부와 문중, 그리고 죽은 큰아버지 부부를 의식하면서 역으로 문중 또는 혈연과 관계를 맺고 있는 자신의 존재를 확인한다. 그리고 오빠를 영락공원에 남겨두고 돌아와 "세상살이 근심도, 아내와 자식, 부모 형제들/모두 떨쳐버리고" 떠나가라고 한다. 시인은 한 개인의 삶이란 세상과 피붙이들과 관계속에서 이루어진다는 것을 의식하고 있는 것이다. 김경조 시인은 먼 세월의 거리를 돌아 고향으로 돌아가 창이 깨지고 거미줄이 내려앉은 예배당에 들러 "어린 나를 만난다." 그리고 이미 촛불이 꺼진 그곳에서 "오래 묵어 냄새도 먼 송판색 벽화"를 그리는데 이는 고향을 떠나 세상살이를 하는 동안 잃어버린 자아를 되찾는 것이다. 그것이 가능한 까닭은 그곳이 어머니의 모태와 같은 고향에 있는 예배당이었기 때문이다(「돌아온 거리」).

시인들의 마음에 그려지는 아버지 또는 어머니는 늘 위태로운 모습이다. 박백남 시인의 시 「아버지」에서 바지랑대에 앉는 "붉은 노을"과 그것을 움켜 쥔 "고추잠자리"는 노년에 지팡이에 의지해 생활하던 아버지에 비유된다. 손에 쥐가 날 만큼 지팡이를 쥐고서 "늘 흔들리는 막대기 같은 삶의 꼭대기"에 잠시 편히 쉬고 있는 모습은 아버지의 외로움과 고통을 역설적으로 보여 주고 있다. 한편 이광복 시인은 "오랜 투병으로 병상에 누워 계신 아버지"를 "가랑잎"에 비유한다 (「가랑잎」). "푸르렀던 생의 무게를 비워내느라" "가벼워진 몸", "오그라들 듯 휘어진 등", 부서질 듯 바스락거리는 피부는 "오랜 질곡의 시간을 버텨온" 증거로서 가랑잎을 연상케 한다. 화자는 바람에 떨어진 가랑잎을 "가슴 한쪽에 접어 넣"으며 아버지에 대한 깊은 추모의 정을 달랜다. 그리고 차를 타고 가라지만 동전 몇 닢을 아끼느라 걸어서 “파고다 무덤으로 가는” 아버지들의 낡아버린 그림자에서 시인은 “기우뚱 무릎 꺾는 하루의 생애”를 읽는다(「고려장」).

빨랫줄에서
아이들은 들떠 어쩔 줄 모르고
강력 세제가 우리 집을 점령하곤 했어
지상을 한 번도 떠난 적 없는
물 묻은 아버지는 벽에 걸리고
빨아도 빨아도
피묻은 저녁이
소금에 절여져 찾아오곤 했어
그를 기다리는 겨울은
얼마나 따뜻한지 몰라
부활하지 않았으면 좋겠어

—정연탁, 「성탄 전야제」 일부

이 시는 일상적 논리와 어법을 크게 이탈하여 모호성이 많은 반면 다양한 해석을 유도한다. 산타크로스 할아버지가 선물을 가지고 온다는 성탄 전야에 빨랫줄에서 ‘들떠 어쩔 줄 모르’는 아이들과 벽에 걸린 ‘물 묻은 아버지’는 매우 대조적이다. ‘피 묻은 저녁이/소금에 절여져 찾아오곤’ 하다니 ‘우리 집을 점령하곤 하는’ ‘강력세제’로도 벽에 걸려 갇혀 있는 아버지의 외출, 즉 부활을 도울 수가 없다. 특히 ‘피’와 ‘소금’의 이미지는 그런 아버지가 감당하는 고통이 매우 크리라는 것을 짐작하게 한다. 그 고통의 벽을 넘지 못한 아버지는 추운 겨울에 늘 따뜻한 방안에 머물러 있어야 하니 차라리 '부활하지 않았으면 좋'을 것이다. 그 역설적인 진술은 순진하고 꿈 많은 아이들을 지켜만 보고 있어야 하는 아버지의 절망적인 상황을 더욱 비극적으로 느끼게 한다. 그런 아버지가 어떤 현실에 처해 있을 지는 "기름떨어진골목/소줏병의날들무럭무럭자란다" (「무럭무럭자라라아버지」), 또는 "일기장엔 공장에 대한 이야기뿐/떼어내고 싶은 산소 공급기 이야기뿐"(「숲 속의 방」)이라는 구절이 어렴풋이 암시하고 있다.

한편 이춘희 시인의 시 「가뭄」에서 "시립 의료원 새 희망 병동"에서 링거를 맞으며 휠체어에 의지한 채 침묵에 잠긴 "그의 삶은 녹슨 펌프"에 비유되고 있다. "녹슨 사연들을" 품고 있으나 "지난날이 무심코 던지는 마중물에도 좀처럼 대꾸가 없"는 그는 사랑의 물로 자녀들을 키우다 노병을 앓고 있는 부모의 모습일 것이다. 그리고 이우림 시인의 시 「좌판」에서 오일장에 "산 하나를 다 끌고 온 노인" 역시 식솔들을 건사하기 위해 온 산을 헤매다 늙어버린 부모일 것이다. 이처럼 여러 시인들이 소외된 채 고통을 당하거나 이미 이승을 떠난 부모들의 모습을 그리고 있다. 그들은 성인이 된 시인들에게 단순히 자신의 육신을 물려 준 부모의 차원을 넘어 전통과 질서의 상징이자 존재를 확인해 주는 기원이요 거울이다. 따라서 부모들이 위태로운 상황에 처해 있다는 것은 전통의 단절과 사회적 질서의 해체를 단적으로 보여 준다. 그리고 그런 부모님을 그리워하고 추모하는 것은 해체적 양상이 심화되는 현실에 대한 역반응으로 저마다 점점 희미해지는 존재의 기원과 자아의 정체성을 되찾기 위한 노력이다.

사랑과 관심을 끈으로 공동체를 이루며 살던 사회적 질서와 전통이 무너지고 파편화되는 혼란 속에서 시인들이 시를 쓴다는 것은 무슨 의미일까. 그것은 곧 물질적 풍요와 편리함을 추구하느라 소외된 채 버려 둔 참된 자아를 찾고 새롭고 가치 있는 전통과 질서를 창조하기 위한 예술적 행위이다. 그것은 때로 조각가들의 산고의 노력으로 형상화된다. 김경조 시인은 시 「목조각장」에서 "숨은 신을 찾아내는 그대의 작업장은 줄곧 예배의 강당"이라며 조각이 곧 신과 소통하는 길임을 암시한다. 이광복 시인은 「늙은 부처를 만나다」에서 "귀와 입과 눈도 닫은 채" 망치질을 하며 "캄캄한 돌 속의 길을 더듬어/피안의 문고리를 찾았겠지"라며 부처를 조각하던 석공의 고통을 상상해 본다. 그리하여 시를 쓴다는 것 역시 목석을 갈고 다듬어 신의 형상을 빚듯 언어를 버리고 선택하여 진정한 자아를 찾고 지향하는 세계의 형상을 창조하는 일임을 암시하고 있다.

이상에서 보듯 마루시 동인들은 과학문명이 발달함에 따라 점점 물신주의가 팽배해지고 비인간화되는 삭막한 현실을 감지하며 비판하고 있다. 그리고 이를 치유하기 위한 대안으로서 자연 속에서 생명의 질서를 찾고 그것을 삶의 원리로 삼고자 한다. 정보화 시대에 이르러 문화적 전통이 해체되는 혼란함 속에서 위태로운 부모의 위상을 그리며 자신의 존재의 기원을 찾고 정체성을 확인한다. 동인들에게 있어서 시 쓰기란 바로 참된 자아와 이상적 세계를 탐색하며 그곳으로 가는 길을 바런하는 삭업이라 믿는다. '마루시'에서 흘러내리는 맑은 시심의 물줄기가 흐려지는 시단을 정화해 주고 사막화가 빠르게 진행되는 이 시대를 살만한 세상으로 바꾸어 갈 것이다. 지면이 한정되어 있어 주옥같은 시편들을 다 거론하지 못한 점이 아쉽다.

문학의전당 · 동인시집
수두룩하다, 머리 둘 곳 없는 사람들이
마루시 제2시집

초판인쇄 2011년 11월 10일
초판발행 2011년 11월 17일

지 은 이 마루시 동인
펴 낸 이 김충규
펴 낸 곳 **문학의전당**
출판등록 제387-2003-00048호(2003년 9월 8일)

주 소 420-752 경기 부천시 원미구 상동 392 한아름마을 1511-1603
편 집 실 121-718 서울시 마포구 공덕2동 404 풍림VIP빌딩 413호
전화번호 02-852-1977
팩시밀리 02-852-1978
전자우편 mhjd2003@naver.com
블 로 그 http://blog.naver.com/mhjd2003

I S B N 978-89-97176-10-6 03810